Yo puedo mov

por Caroline Hutchinson

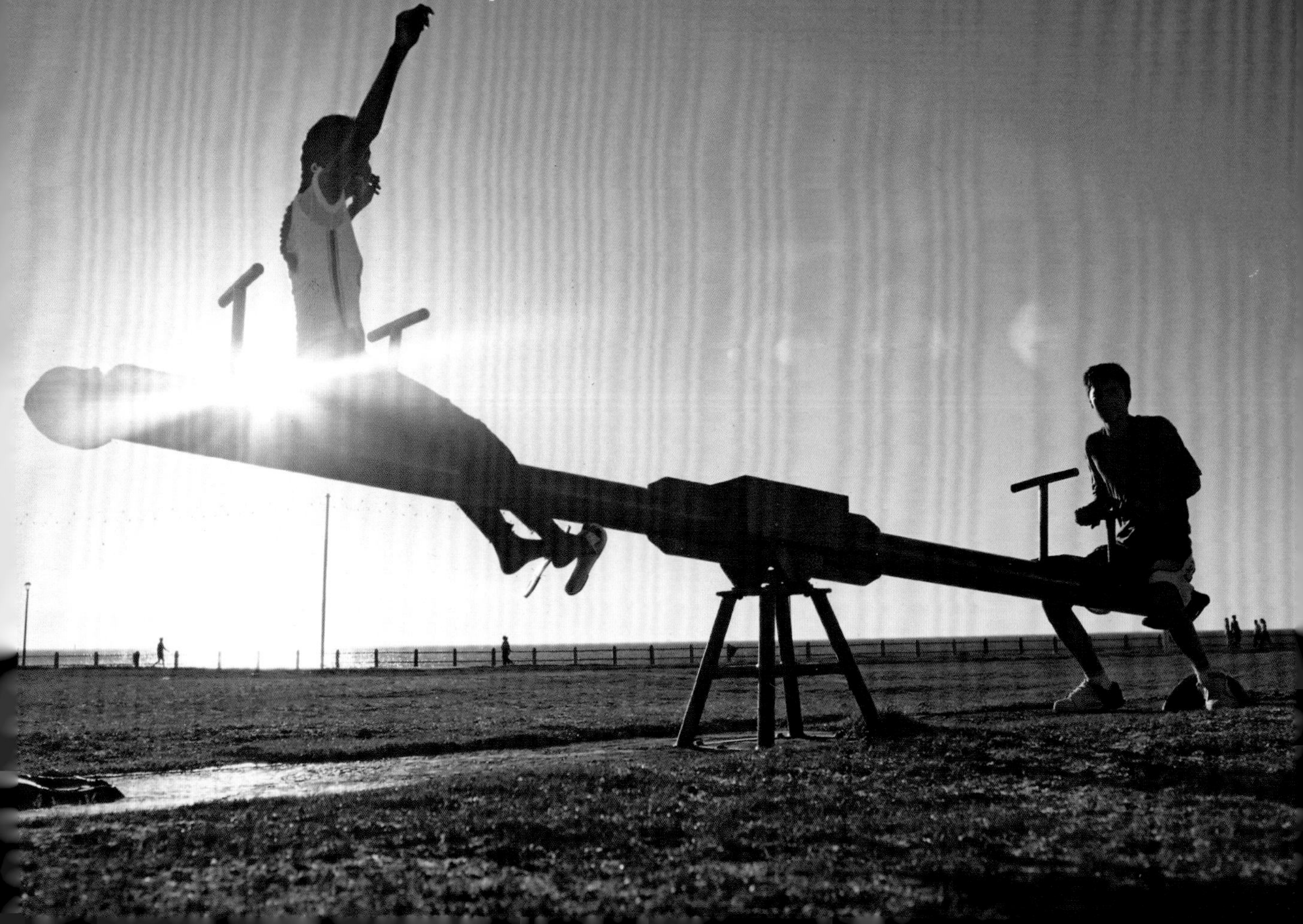

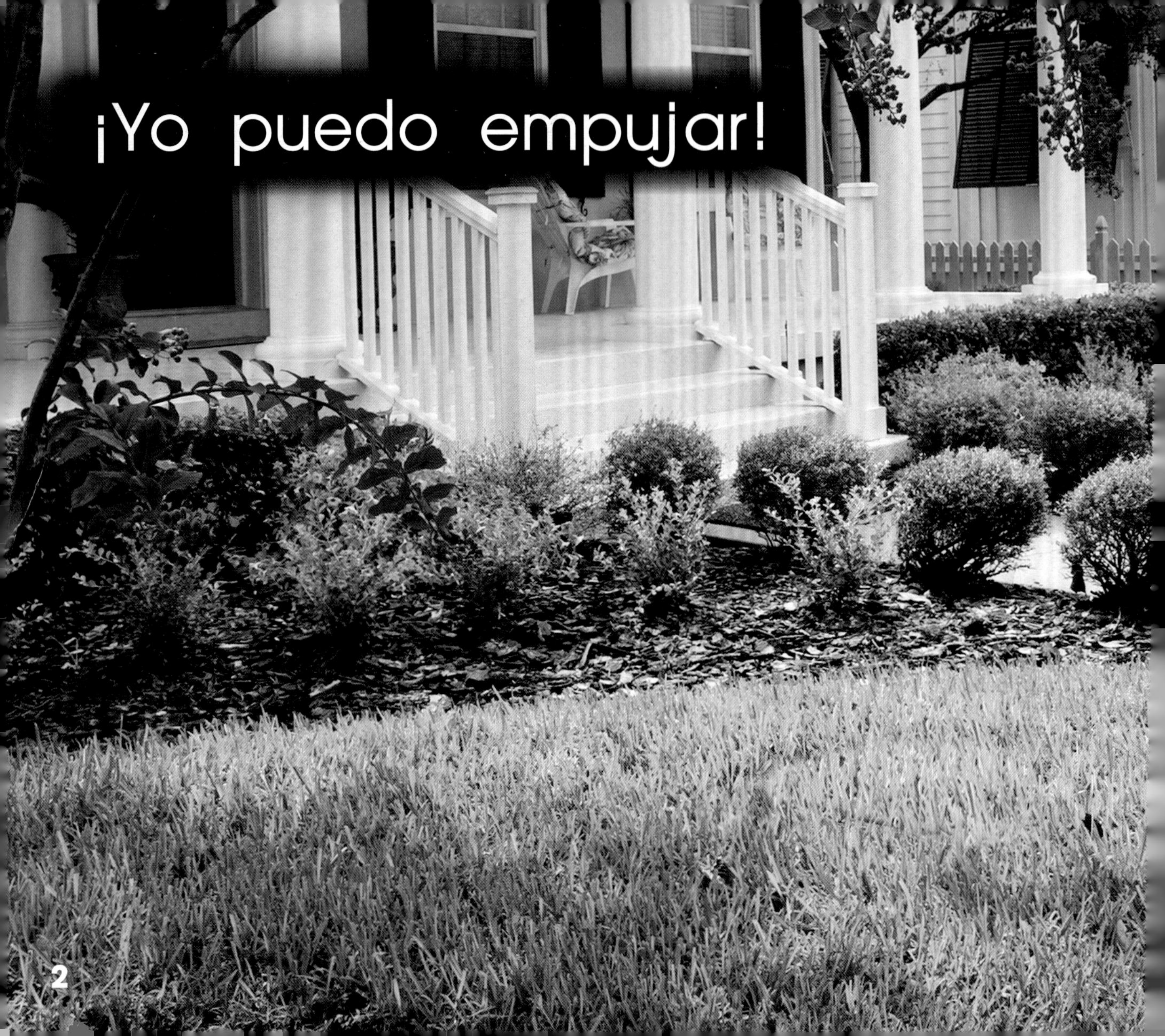

¡Yo puedo empujar!

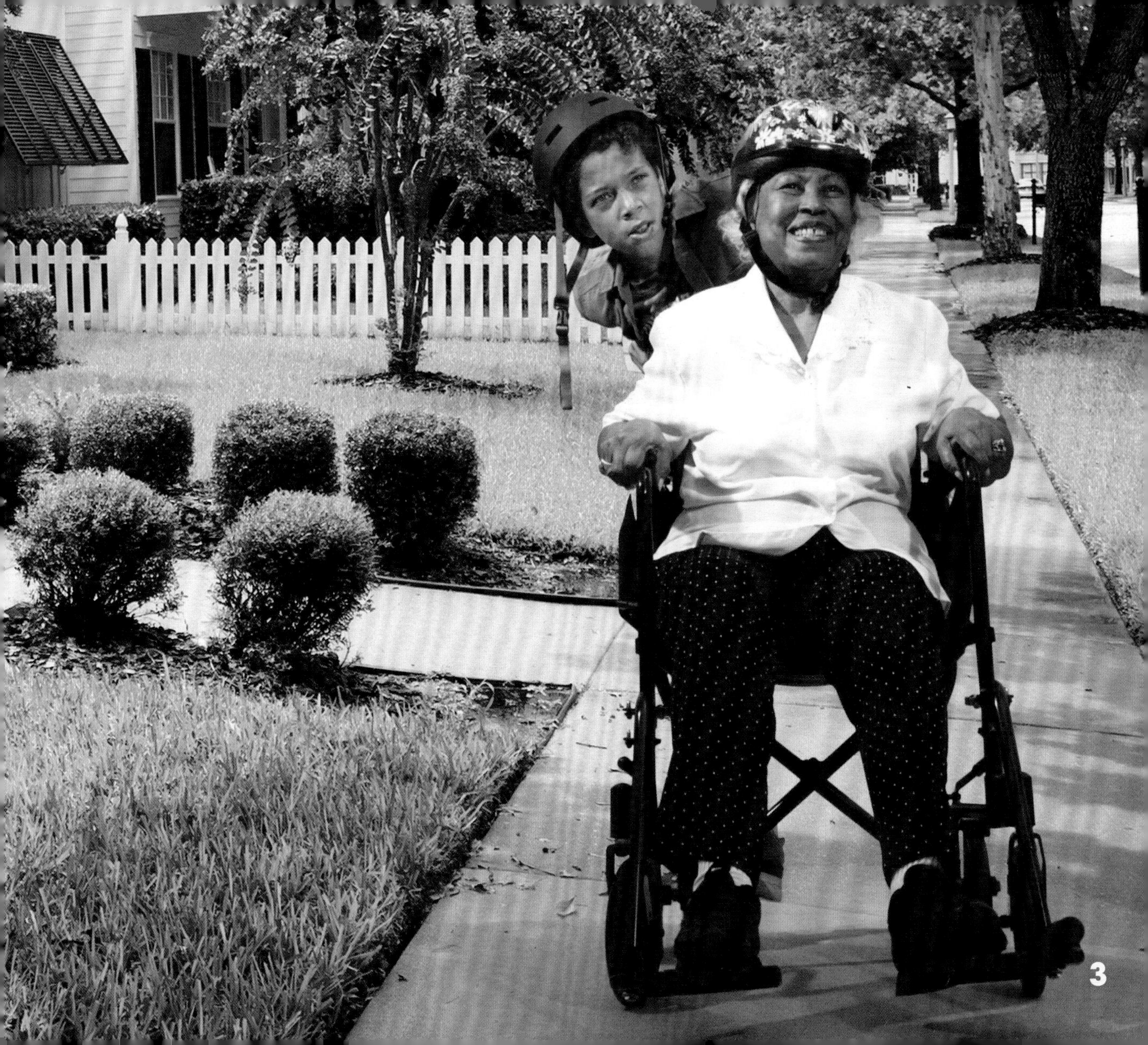

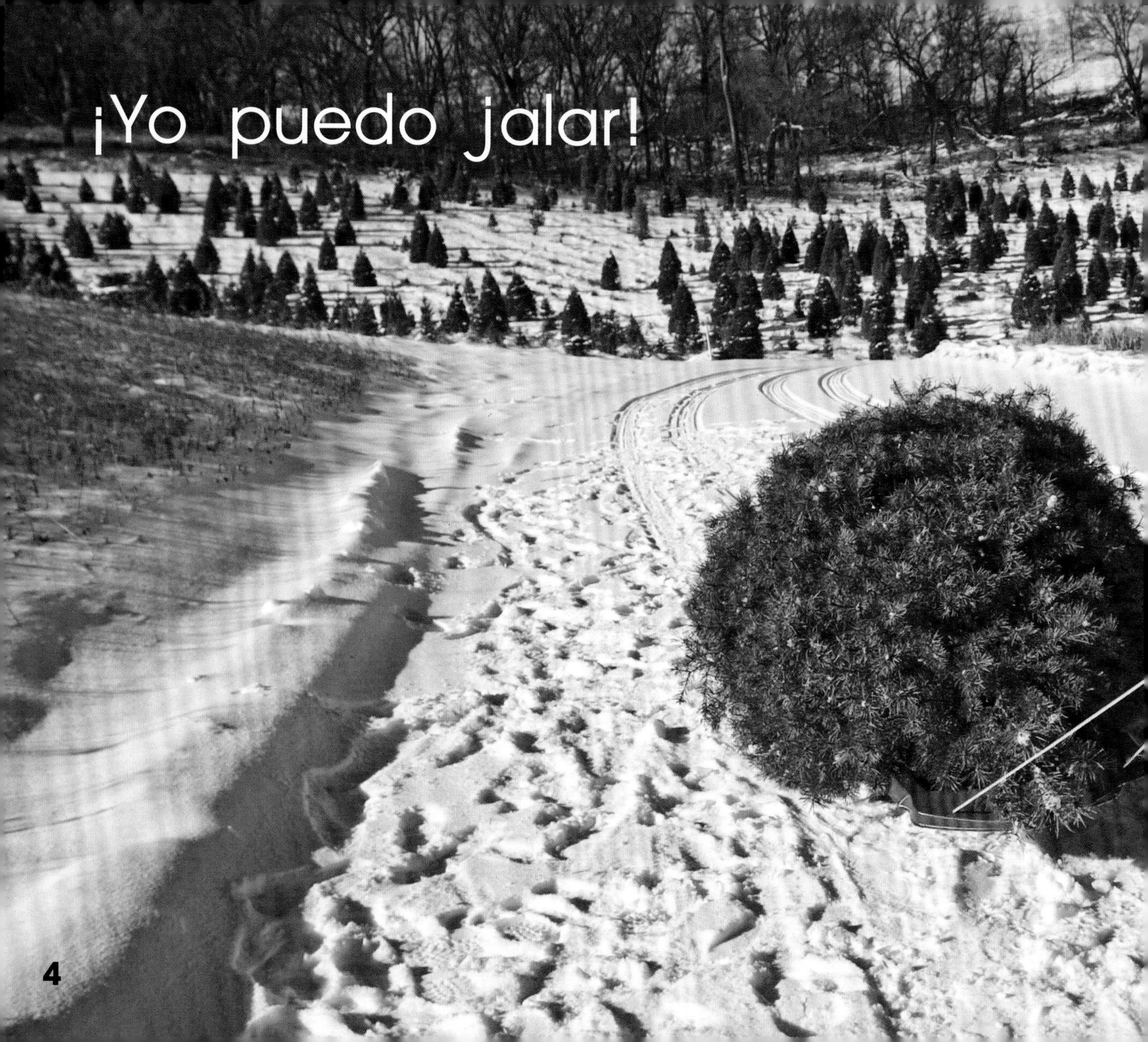
¡Yo puedo jalar!

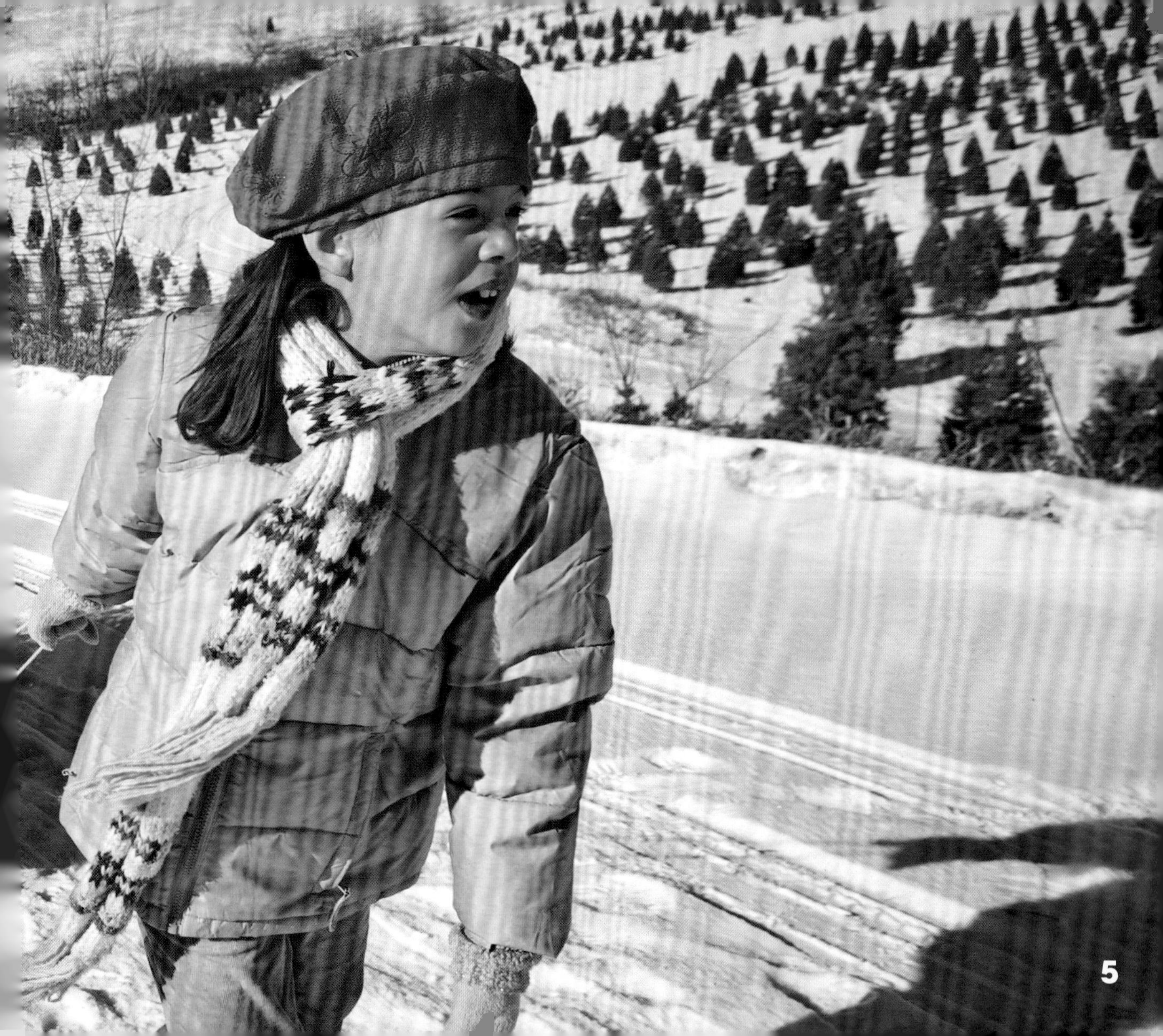

¡Yo puedo levantar!

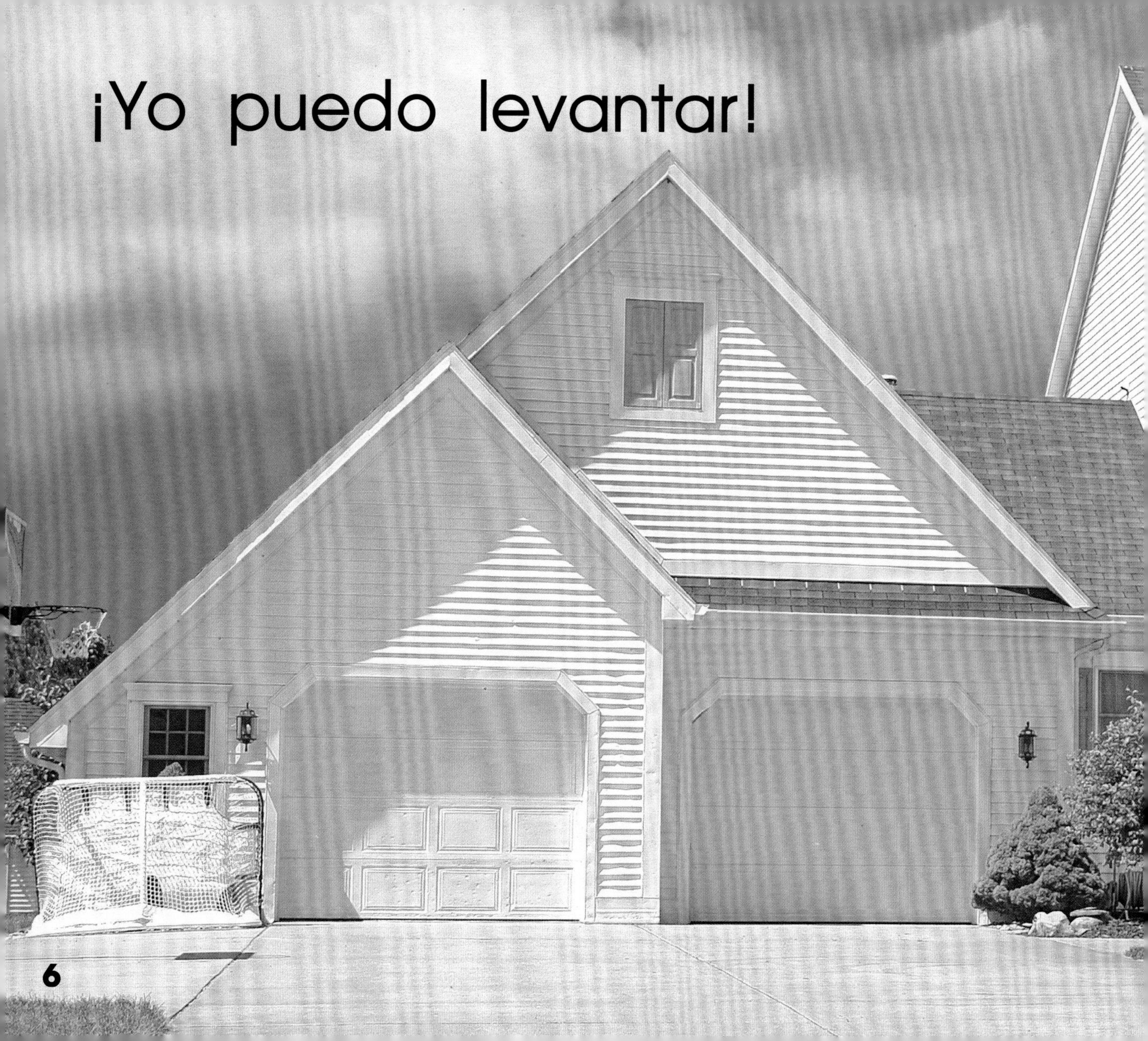

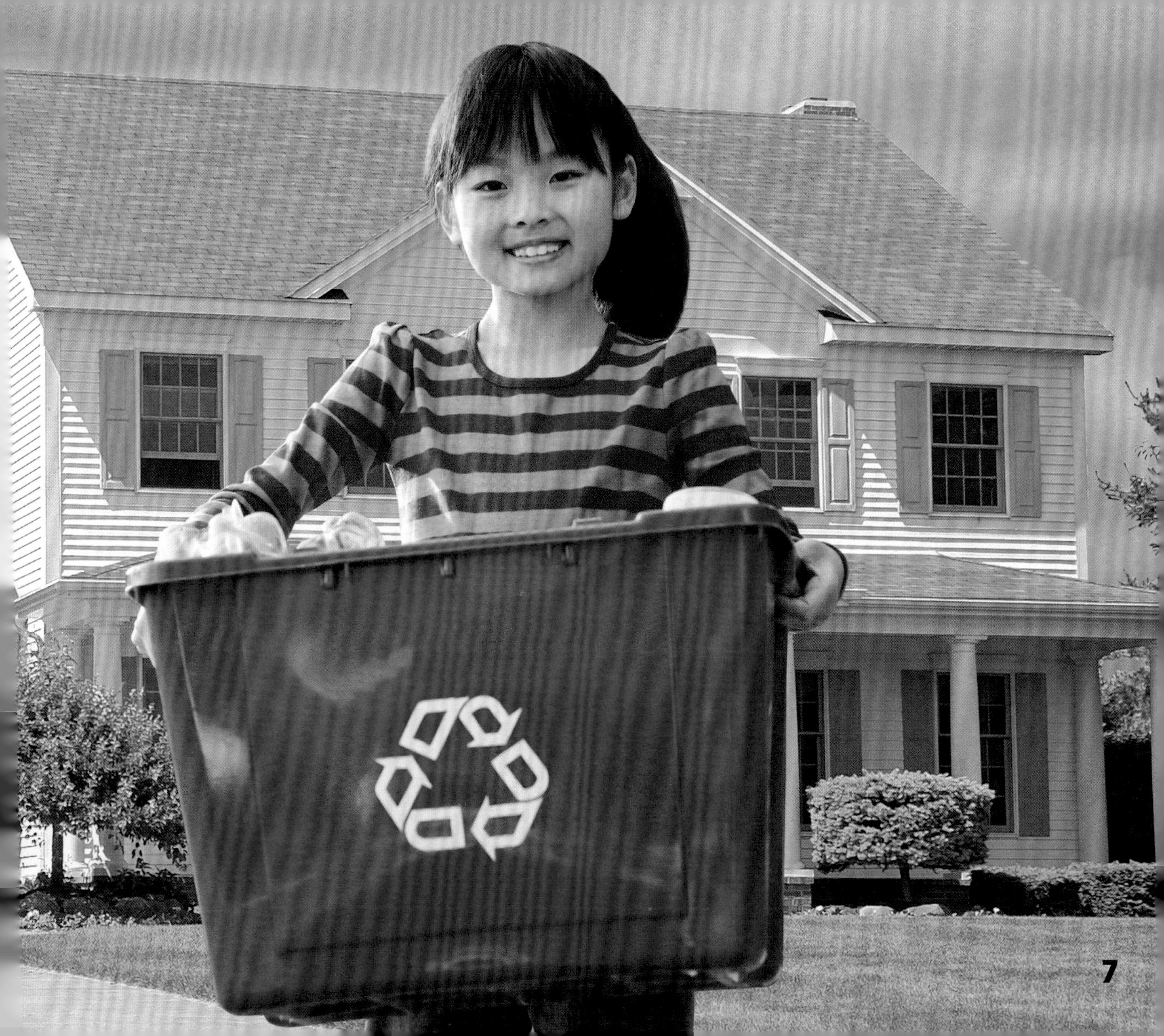

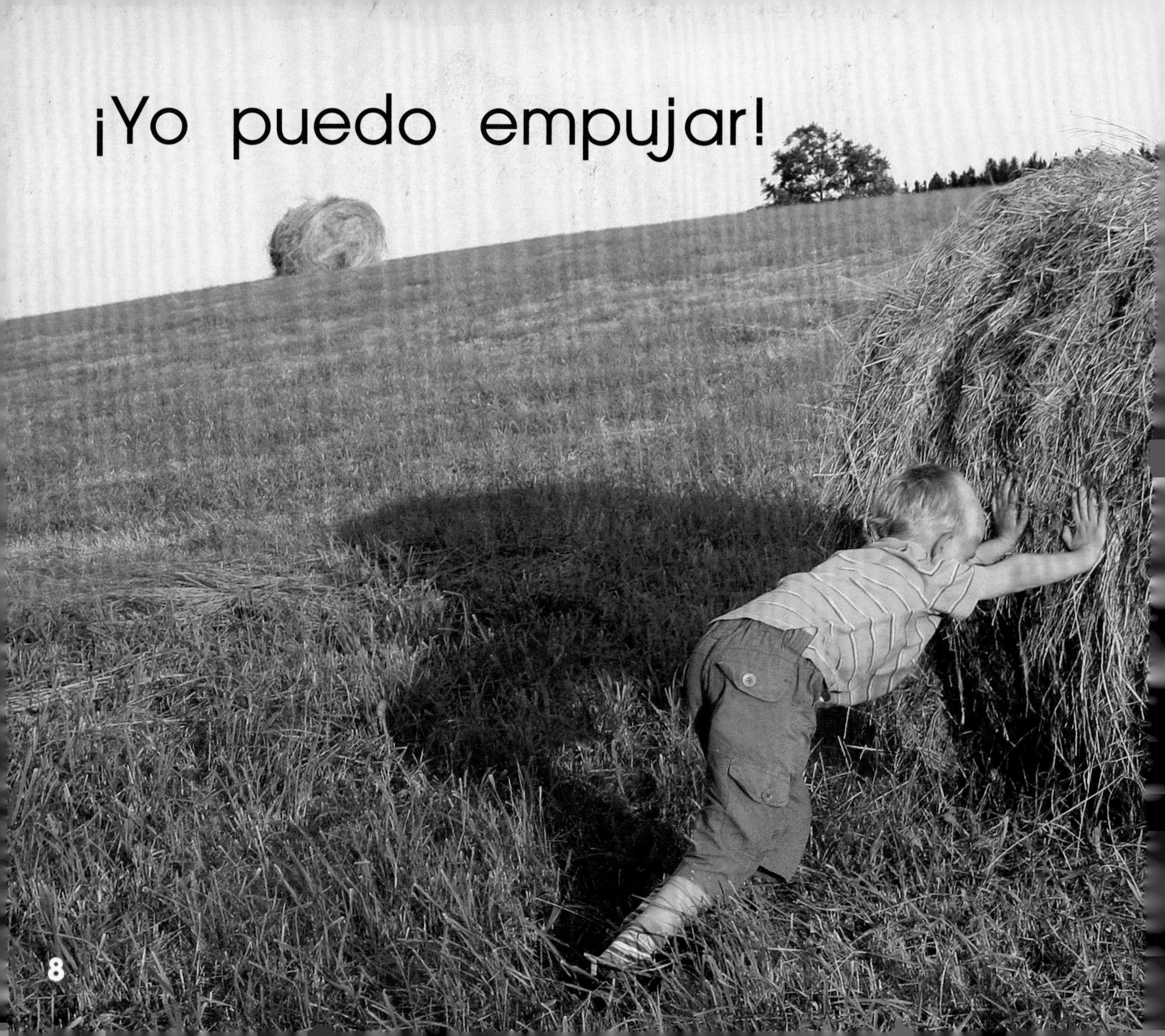

¡Yo puedo empujar!

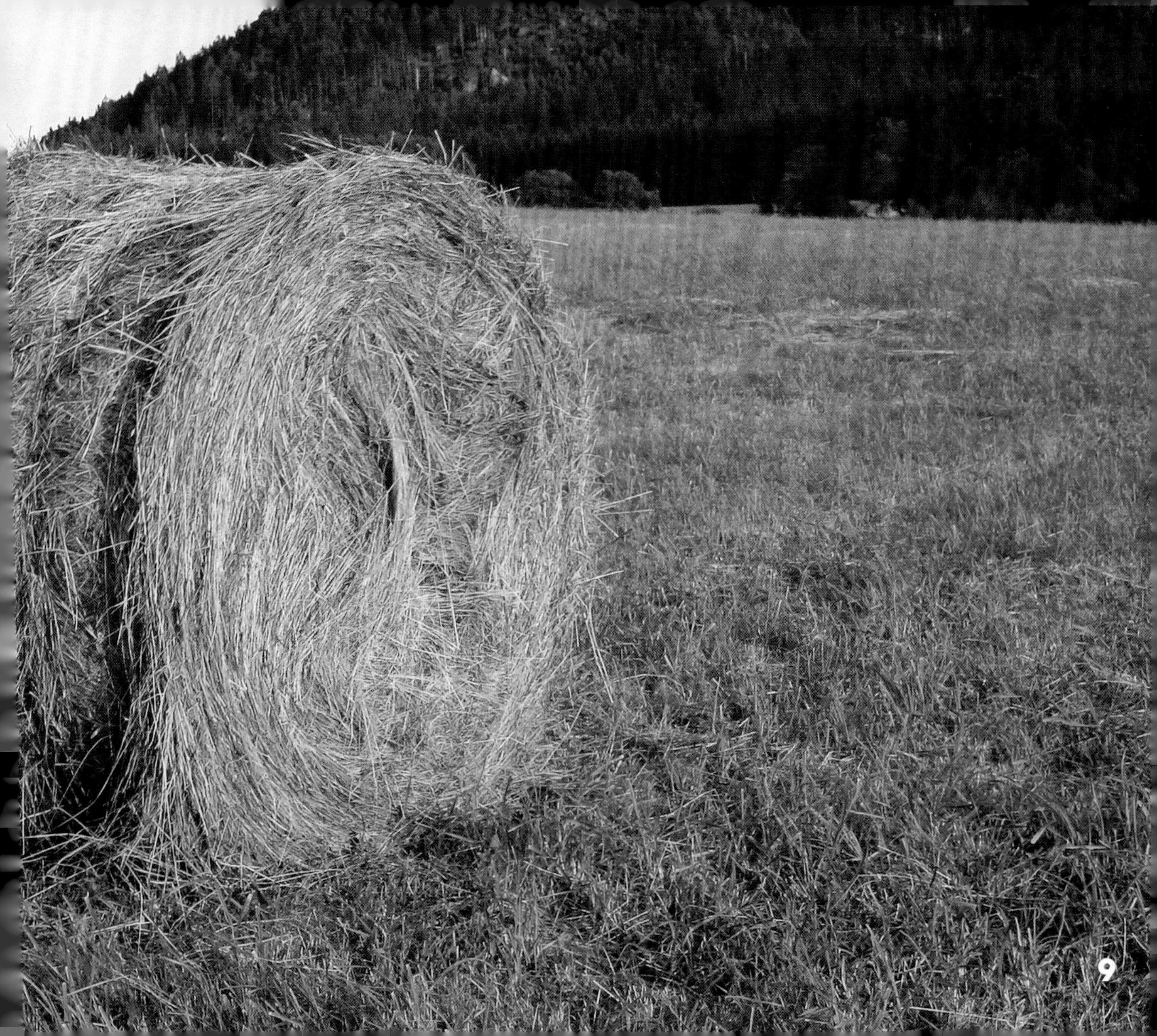

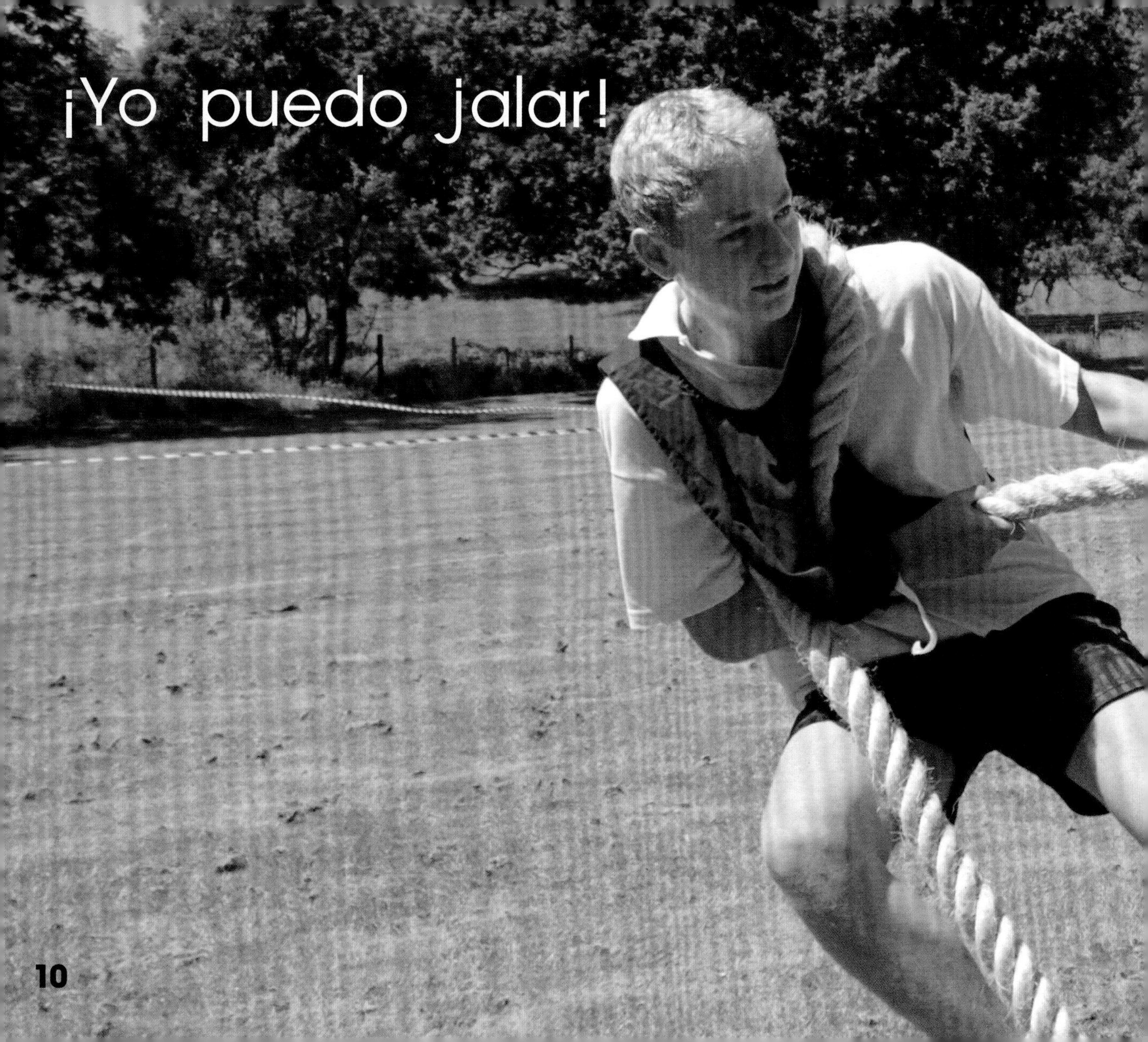

¡Yo puedo jalar!

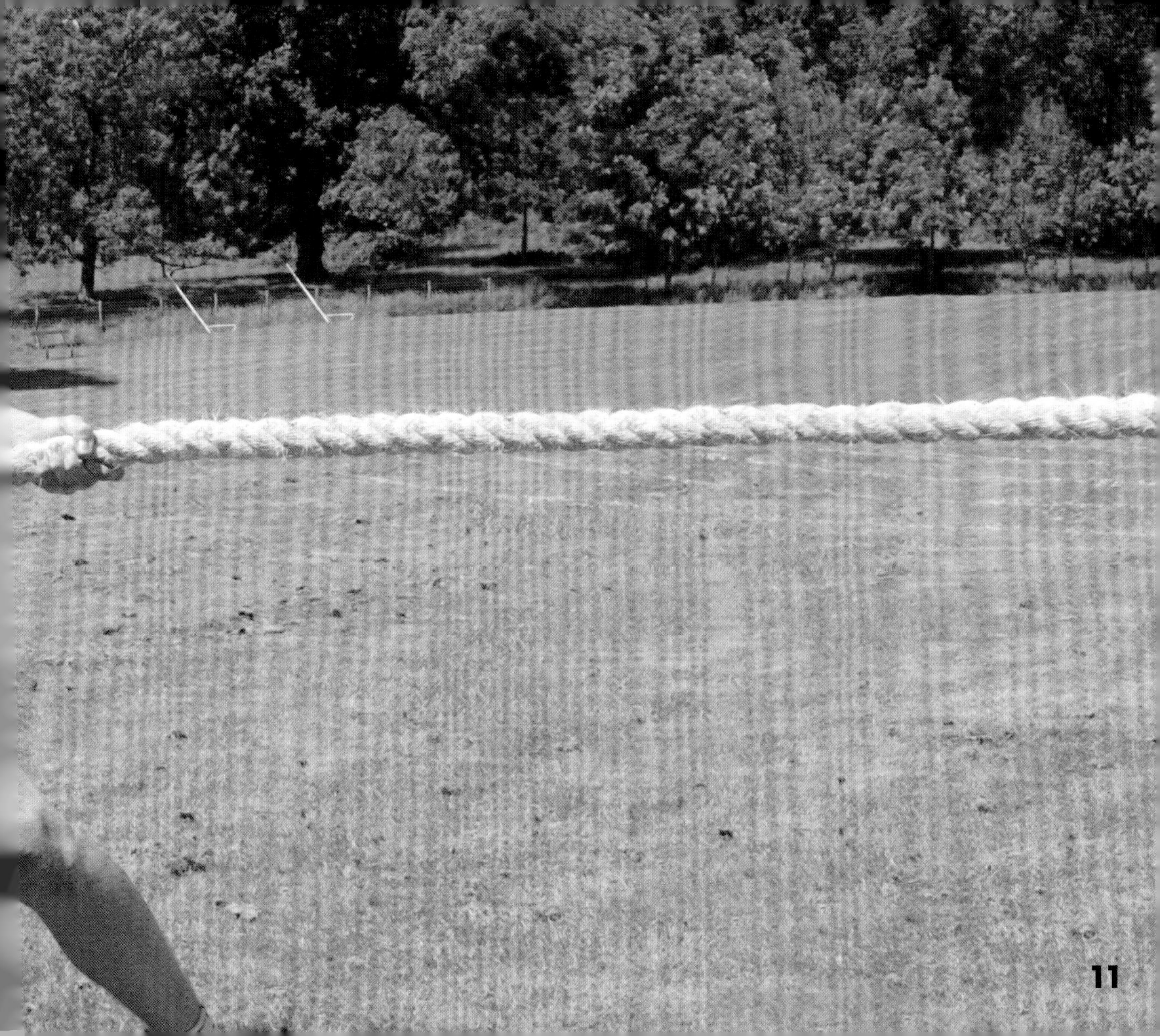

¡Yo puedo levantar!

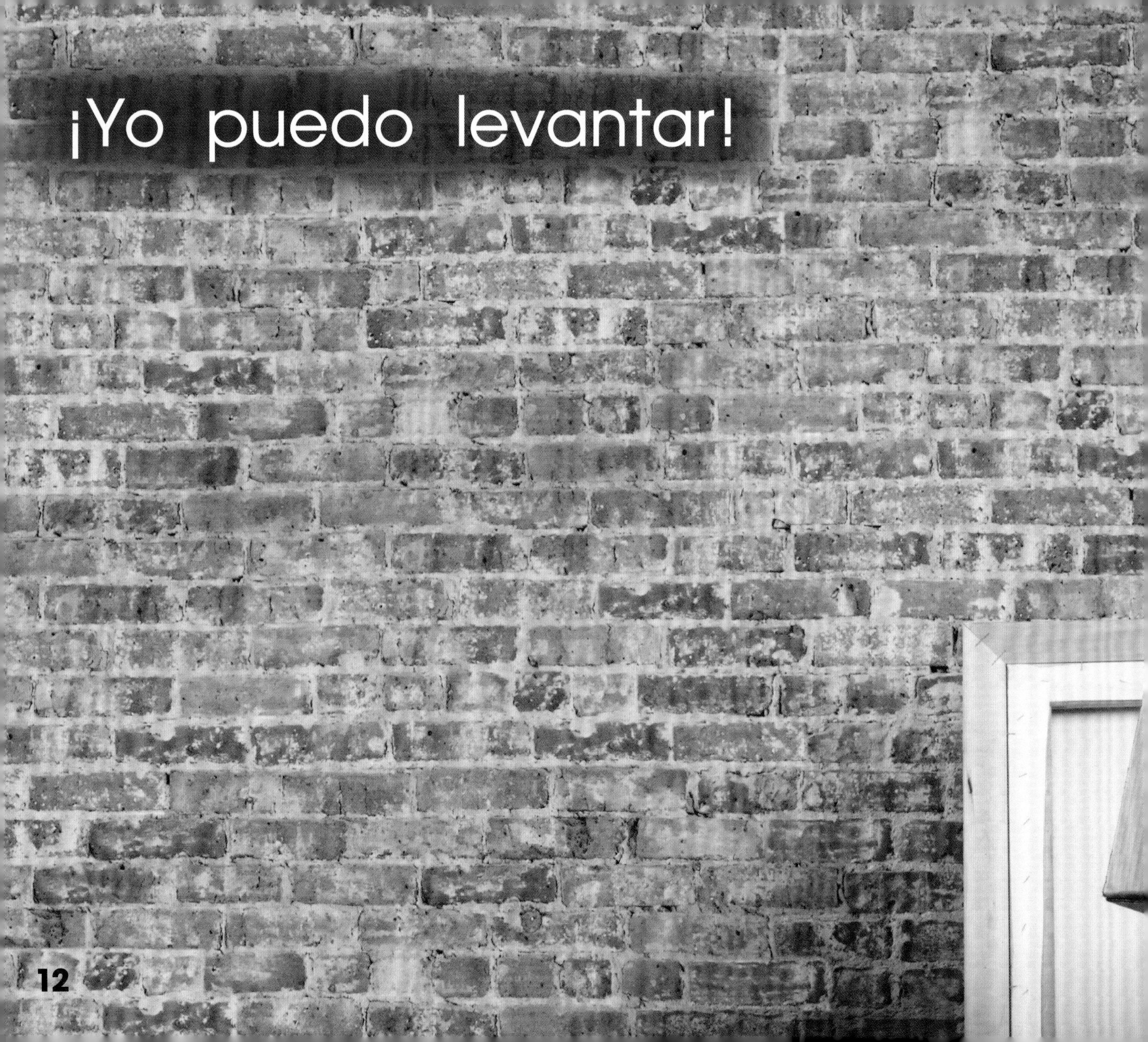

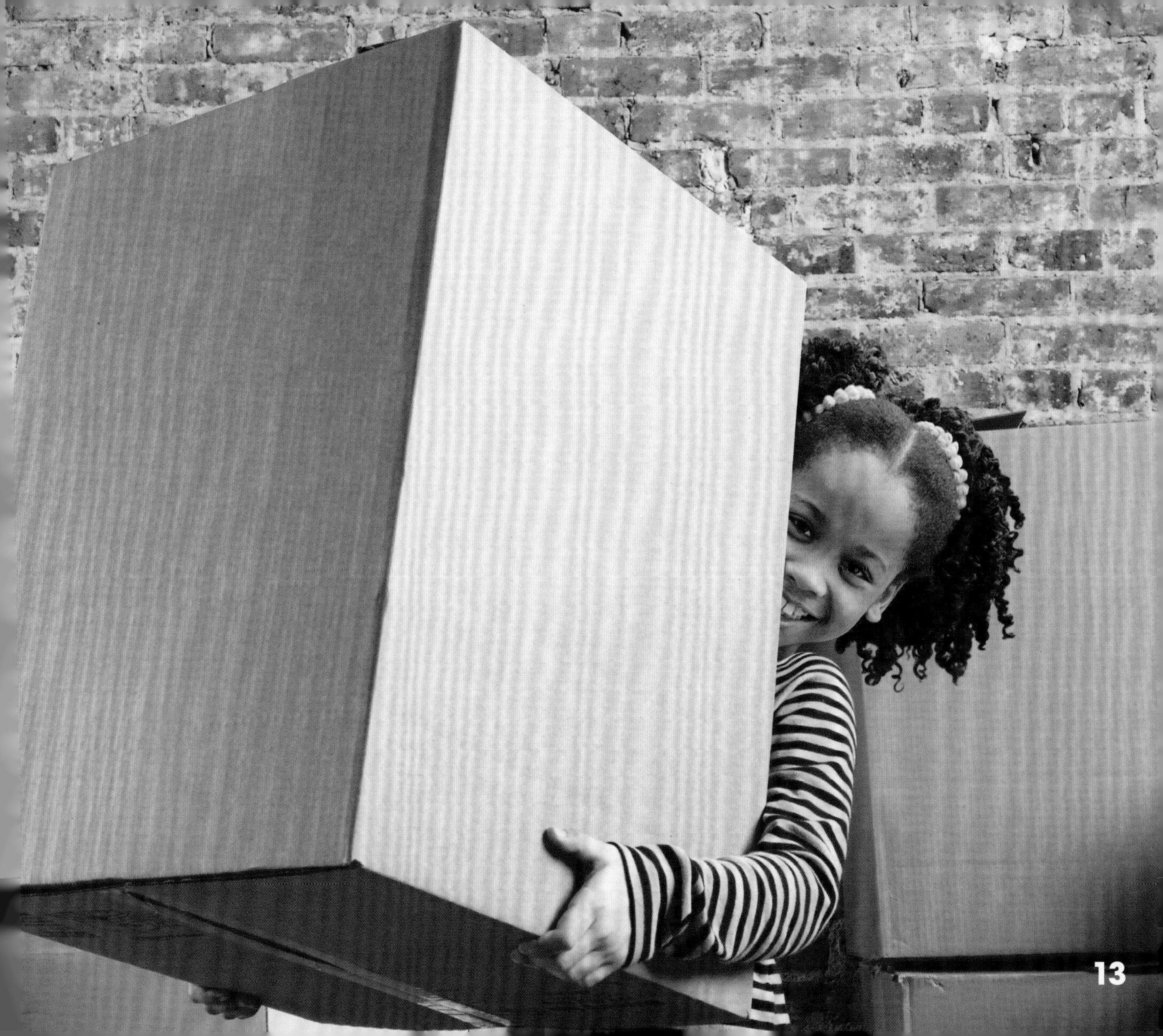

Yo puedo jalar.

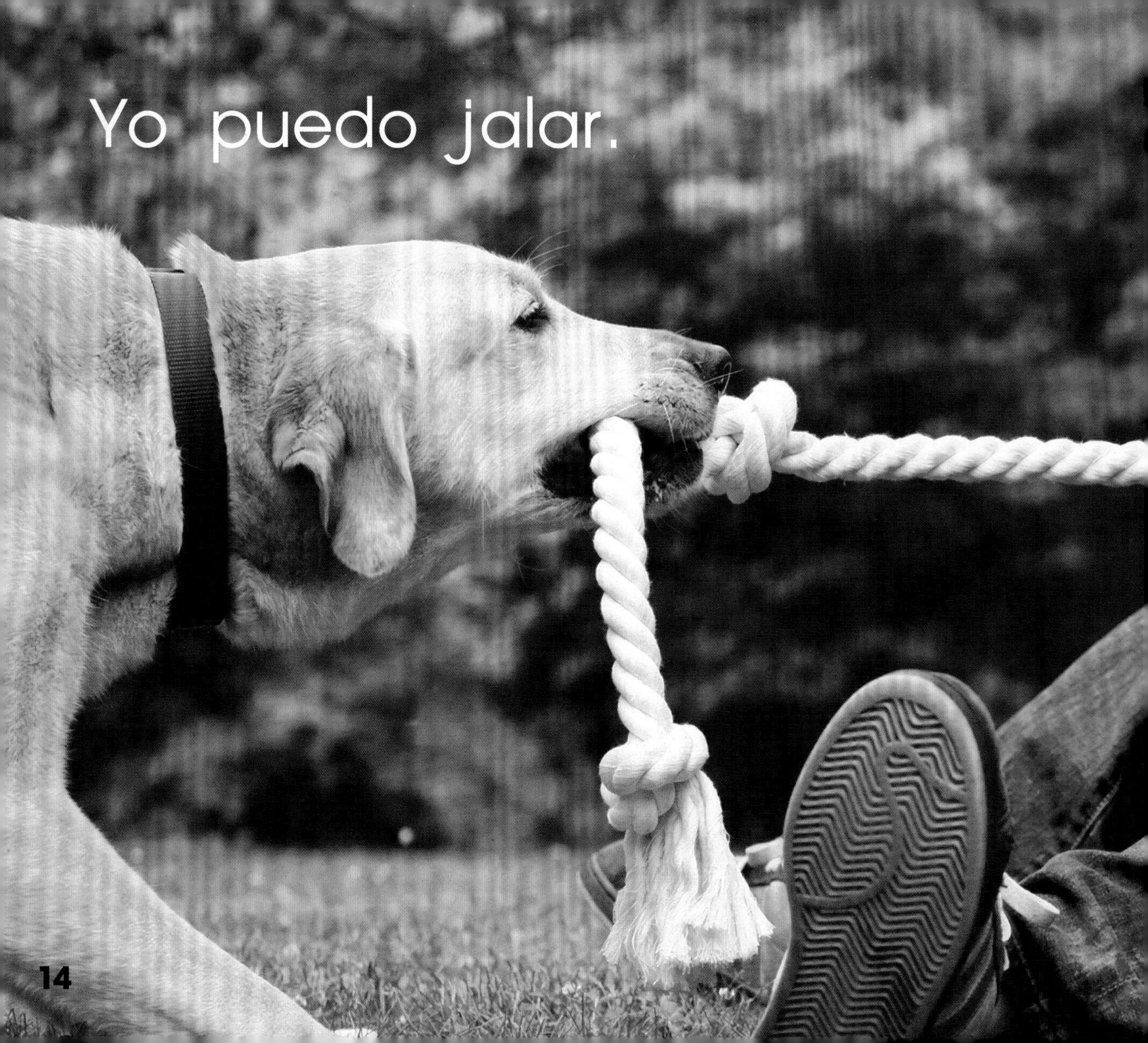

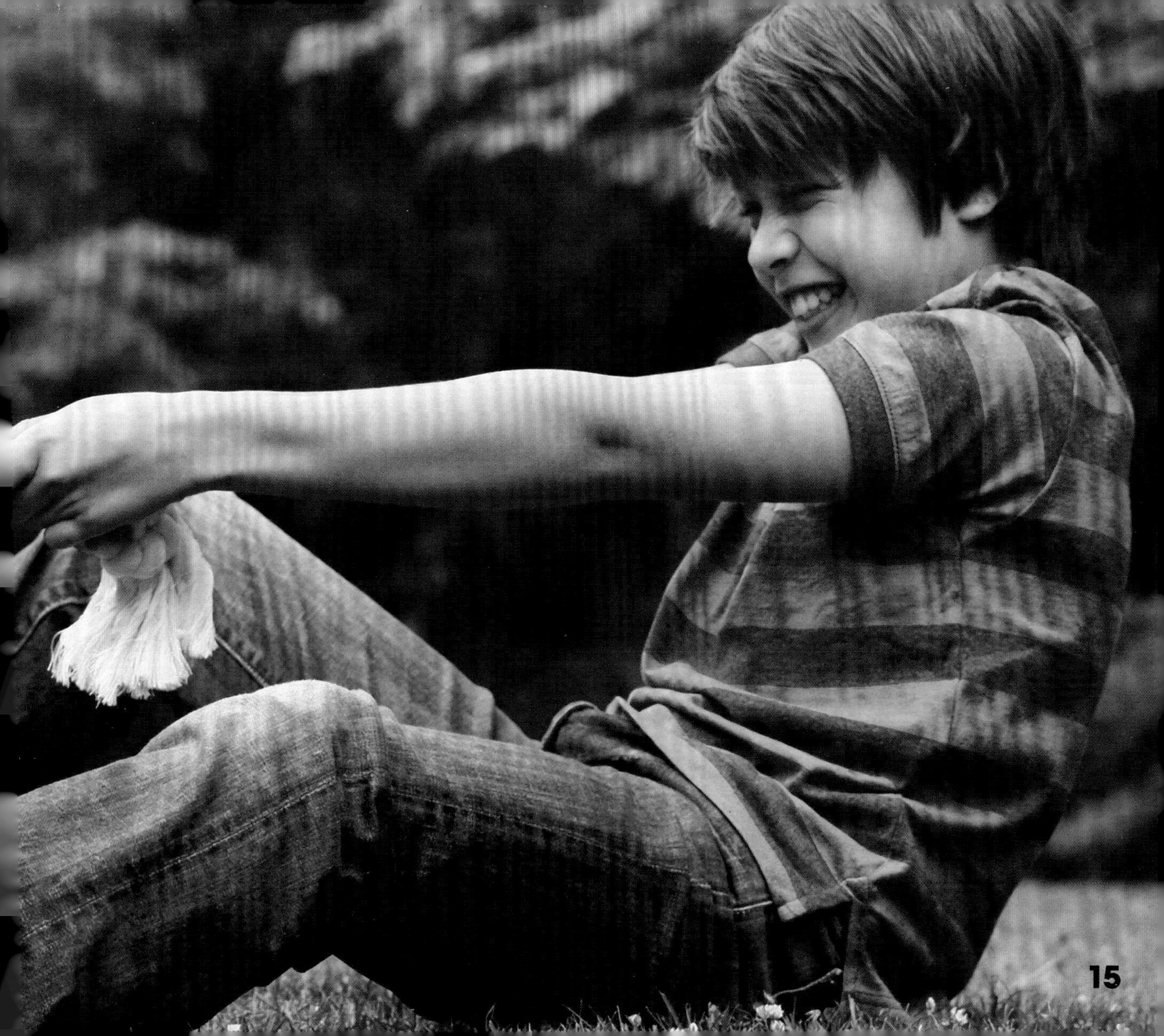

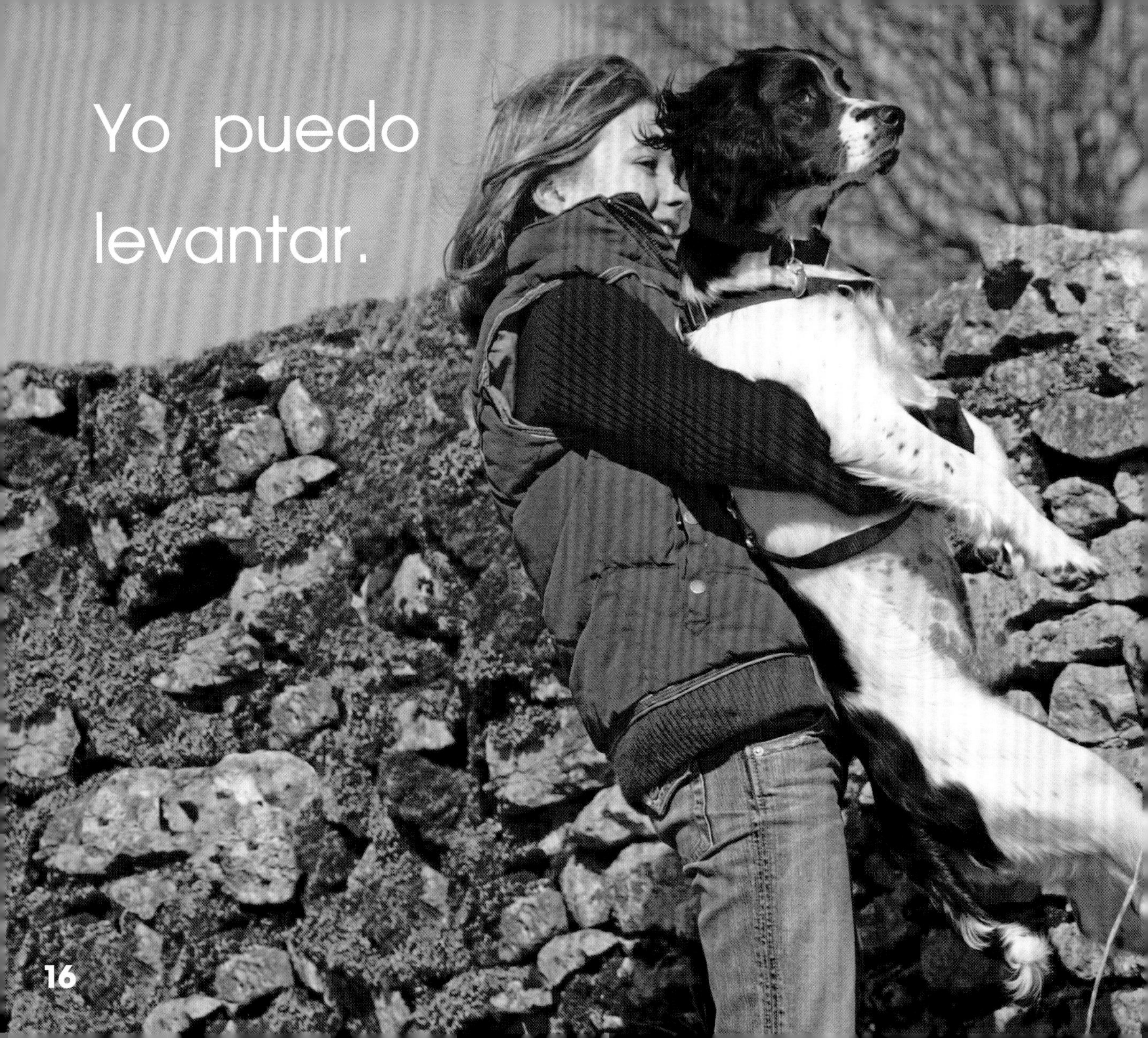

Yo puedo
levantar.